DE LA CONSTANCE DU SAGE

DE CONSTANTIA SAPIENTIS

47-62 ap. JC

Traduction : J. BAILLARD

Sénèque : Oeuvres complètes

DE LA CONSTANCE DU SAGE
Ou
QUE LE SAGE N'EST PAS ATTEINT PAR L'INJURE
DE CONSTANTIA SAPIENTIS
47-62 ap. JC

Traduction : Joseph Baillard

Table des matières

Présentation

I.

II.

III.

IV.

V.

VI.

VII.

VIII.

IX.

X.

XI.

XII.

XIII.

XIV.

XV.

XVI.

XVII.

XVIII.

<u>XIX.</u>

Présentation

Ce livre *De la Constance du sage* est une apologie du stoïcisme. Sénèque explique à son ami Sérénius, prisonnier du doute et de l'ennui, comment acquérir la sérénité.

« Les hommes diffèrent tous les uns des autres , mais le sage, invulnérable à l'injustice et à l'insulte, les juge tous égaux à cause de leur égale folie. » [336]

I.

Il y a entre les stoïciens, Sérénus, et les autres sectes qui font profession de sagesse, autant de différence qu'entre l'homme et la femme, je crois pouvoir le dire : car bien que les deux sexes contribuent dans la vie commune pour une part égale, celui-ci est né pour obéir, celui-là pour commander [337] . Les autres philosophes ont trop de mollesse et de complaisance, à peu près comme ces médecins domestiques et faisant partie de nos gens, qui donnent aux malades, non les meilleurs et les plus prompts remèdes, mais ceux qu'on veut bien souffrir. Les stoïciens, prenant une voie plus digne de l'homme, ne s'inquiètent point qu'elle paraisse riante à ceux qui s'y engagent : ils veulent au plus tôt nous tirer de péril et nous conduire à ce haut sommet tellement hors de toute atteinte qu'il domine la Fortune elle-même.

« Mais la route où ils nous appellent est ardue, hérissée d'obstacles ! » Est-ce donc par la plaine qu'on gagne les hauteurs [338] ? Et même cette région n'est pas si abrupte que quelques-uns se la figurent. A l'entrée seulement sont des pierres et des rocs inabordables au premier aspect : ainsi mainte fois on croit voir de loin des masses taillées à pic et liées entre elles, tant que la distance abuse les yeux. Puis à mesure qu'on approche, ces mêmes lieux, dont une erreur de perspective avait fait un seul bloc, insensiblement se dégagent ; et ce qui, dans l'éloignement, semblait tout escarpé, se trouve être une pente assez douce.

Dernièrement, lorsque nous vînmes à parler à M. Caton, tu t'indignais, toi que révolte l'injustice, que son siècle eût si peu compris ce grand homme, et qu'un mortel supérieur aux Pompée, aux César eût été ravalé au-dessous des Vatinius ; tu trouvais infâme qu'on lui eût arraché sa toge en plein forum, comme il voulait combattre un projet de loi ; que des rostres à l'arc de Fabius, traîné par les mains d'une faction séditieuse, il eût longuement subi les propos insultants, les crachats et tous les outrages d'une multitude en démence. Je te répondais que si tu avais sujet de gémir, c'était sur cette république que d'une part un P. Clodius, de l'autre un Vatinius et les plus méchants citoyens mettaient à l'enchère, hommes aveugles et corrompus, qui dans leur cupidité ne voyaient pas que vendre l'État c'était se vendre eux-mêmes avec lui [339].

II.

Pour ce qui est de Caton, te disais-je, rassure-toi : car jamais le sage ne peut recevoir d'injure ni d'humiliation ; et Caton nous fut donné par les dieux immortels comme un modèle plus infaillible qu'Ulysse ou Hercule, héros des premiers âges, proclamés comme sages par nos stoïciens, comme indomptables aux travaux, contempteurs de la volupté et victorieux de toutes les terreurs.

Caton ne lutta point contre des bêtes féroces, exercice digne d'un chasseur et d'un rustre ; il ne poursuivit pas de monstres avec le fer et le feu, et ne vécut pas dans un temps où l'on pût croire qu'un homme portât le ciel sur ses épaules : déjà on avait secoué le joug de l'antique crédulité, et le siècle était parvenu au plus haut degré de lumières. Caton fit la guerre à l'intrigue, ce monstre à mille formes, au désir illimité du pouvoir, que le monde entier partagé entre trois hommes n'avait pu rassasier [340] , aux vices d'une cité dégénérée et s'affaissant sous sa propre masse ; seul resté debout, il retint dans sa chute la république, autant que pouvait le faire le bras d'un mortel, tant qu'enfin entraîné, arraché lui-même, après l'avoir longtemps retardée il voulut partager sa ruine ; alors s'éteignit du même coup ce qui n'eût pas été séparé sans crime : Caton ne survécut point à la liberté, ni la liberté à Caton [341] .

Or cet homme, penses-tu que le peuple ait pu lui faire injure en lui arrachant la préture ou la toge, en couvrant d'infâmes crachats sa tête sacrée ? Le sage est à l'abri de tout : ni injures, ni mépris ne sauraient l'atteindre.

III.

Il me semble voir ta verve qui s'échauffe et bouillonne ; tu es prêt à t'écrier : « Voilà ce qui ôte crédit à vos préceptes ; vous promettez [342] de grandes choses qu'on est loin d'espérer, plus loin encore de croire ; et lorsque avec d'emphatiques paroles vous avez prétendu que le sage n'est jamais pauvre, vous ne niez pas qu'il manque souvent de valet, d'habit, de toit, d'aliment ; après avoir dit que le sage ne perd jamais la raison, vous ne niez pas qu'il puisse tomber dans la folie, tenir des discours peu sensés, et oser tout ce que la force du mal contraint de faire ; après avoir dit que le sage ne saurait être esclave, vous ne disconvenez pas qu'il puisse être vendu, exécuter les ordres d'un maître et lui rendre de serviles offices. Ainsi de vos airs si fiers, si sourcilleux, vous redescendez aussi bas que les autres : vous n'avez changé que le nom des choses.

C'est pourquoi je soupçonne quelque artifice pareil dans votre maxime, au premier abord belle et magnifique : Le sage ne recevra ni injure ni humiliation. Or il importe beaucoup de savoir si c'est au-dessus de l'indignation que tu le places, ou au-dessus de l'injure. Prétends-tu qu'il se résignera ? il n'a là aucun privilège ; il n'obtient qu'une chose vulgaire, et qui s'apprend par la continuité même des outrages, la patience. Mais si tu dis qu'il ne recevra pas d'injures, en ce sens que nul ne tentera de lui être hostile, toute affaire cessante je me fais stoïcien. »

Je réponds que je n'ai pas voulu décorer le sage d'un attribut imaginaire et de mots pompeux, mais le mettre en un lieu où nulle injure ne puisse porter. « Eh quoi ! il n'y aura personne qui le harcèle, qui le provoque ? » Sans doute rien de si sacré dans la nature qui ne rencontre un profanateur ; mais ce qui offre un caractère céleste n'en habite pas moins une sphère sublime, encore que des impies dirigent contre une grandeur fort au-dessus d'eux des coups qui ne l'atteindront pas. Nous appelons invulnérable, non ce qui n'est point frappé, mais ce que rien ne blesse. A ce signe-là reconnais le sage. N'est-il pas vrai que la force qui triomphe est plus sûre que celle qui n'a point d'assaillants ?

Si l'on doute d'une puissance non éprouvée, on doit tenir pour ferme et avérée celle qui a repoussé toutes les attaques. Apprends de même que le sage est de trempe meilleure, quand nulle injure ne peut lui nuire, que quand on ne lui en fait aucune. Le brave, à mes yeux, est l'homme que ni les guerres ne subjuguent, ni l'approche d'une force ennemie n'épouvante, non celui qui s'engraisse d'oisiveté au milieu de peuples indolents : 5. c'est sur un sage de ce premier modèle que l'injure est impuissante. Il n'importe donc quelle multitude de traits on lui lance, s'il est impénétrable à tous. Il y a de certaines pierres dont la dureté est à l'épreuve du fer ; aucun outil ne peut couper, ni tailler, ni user le diamant, qui les émousse tous par sa vertu propre ; il y a des corps incombustibles qui, enveloppés de flammes, gardent leur consistance et leur figure ; des rochers, dressés en pleine mer, brisent la fureur des vagues et ne portent nulle trace des assauts qui les battent depuis tant de siècles : ainsi l'âme du sage est inexpugnable ; et, grâce à ses forces acquises, elle est aussi assurée contre l'injure que les objets dont je viens de parler.

IV.

Mais encore, n'y aura-t-il personne qui essaye de l'outrager ? On l'essayera, mais l'outrage n'arrivera pas jusqu'à lui. Un trop grand intervalle l'éloigne du contact des choses inférieures, pour qu'aucun pouvoir nuisible étende jusqu'à lui son action. Quand les puissants de la terre, quand l'autorité la plus haute, forte de l'unanimité d'un peuple d'esclaves, tenteraient de lui porter dommage, tous leurs efforts expireraient à ses pieds, comme les projectiles chassés dans les airs par l'arc ou la baliste s'élancent à perte de vue pour retomber bien en deçà du ciel.

Eh ! crois-tu, alors qu'un stupide monarque obscurcissait le jour par ses nuées de flèches, qu'une seule ait touché le soleil ; ou que de ses chaînes jetées dans la mer il ait pu effleurer Neptune ? Les êtres célestes échappent aux mains des hommes ; qui rase les temples ou jette au creuset leurs statues ne fait nul tort à la divinité : de même tout ce que l'audace, l'arrogance et l'orgueil tentent contre le sage, demeure sans effet.

« Mais il vaudrait mieux que personne ne voulût l'insulter. » Tu souhaites à la race humaine une vertu difficile, des mœurs inoffensives. Que l'injure n'ait pas lieu. C'est l'intérêt de celui qui l'aurait faite, et non de l'homme qui, en fût-il l'objet, ne peut en souffrir. Je ne sais même si le sage ne montre pas plus clairement sa force par son calme au sein des orages, comme un général ne prouve jamais mieux la supériorité de ses armes et de ses troupes que lorsqu'il est et se juge en sûreté même sur le sol ennemi.

V.

Distinguons, s'il te plaît, Sérénus, l'injure de la simple offense. La première, de sa nature, est plus grave ; l'autre, plus légère, ne pèse qu'aux âmes trop irritables : elle ne blesse pas, elle froisse. Telle est pourtant la faiblesse et la puérilité des amours-propres, que pour quelques-uns rien n'est plus cruel. Tu verras tel esclave aimer mieux recevoir des coups de fouet que des soufflets, et juger la mort et les verges plus tolérables que d'offensantes paroles.

On en est venu à ce point de déraison que non pas seulement la douleur, mais l'idée de la douleur est un supplice ; on est comme l'enfant qui a peur d'une ombre, d'un masque difforme, d'une figure grimaçante, qui se met à pleurer aux noms désagréables à son oreille, à certains mouvements de doigts et autres épouvantails, dont l'illusion brusque et inattendue le fait fuir.

L'injure a pour but de faire du mal à quelqu'un : or la sagesse ne laisse point place au mal. Il n'est de mal pour elle que la honte, laquelle n'a point accès où habitent déjà l'honneur et la vertu : l'injure ne va donc point jusqu'au sage. Car si elle est la souffrance d'un mal, dès que le sage n'en souffre aucun, aucune injure ne peut le toucher.

Toujours elle ôte quelque chose à celui qu'elle attaque, et on ne la reçoit jamais sans quelque détriment de sa dignité, de sa personne ou de ses biens extérieurs ; or le sage ne peut rien perdre : il a tout placé en lui, il ne confie rien à la fortune, il a ses biens sur une solide base, il se trouve riche de sa vertu qui n'a pas besoin des dons du hasard. Et ainsi son trésor ne peut ni grossir ni diminuer ; car ce qui est arrivé à son comble n'a plus chance d'accroissement. La fortune n'enlève que ce qu'elle a donné : elle ne donne pas la vertu, aussi ne la ravit-elle pas. La vertu est chose libre, inviolable, que rien n'émeut, que rien n'ébranle, tellement endurcie aux coups du sort, qu'on ne saurait la faire fléchir, loin de l'abattre. En face des appareils les plus terribles son œil est fixe, intrépide ; son visage ne change nullement, qu'elle ait de dures épreuves ou des succès en perspective.

Donc le sage ne perdra rien dont il puisse ressentir la perte. Il a en effet pour seule possession la vertu, dont on ne l'expulsera jamais ; de tout le reste il n'use qu'à titre précaire : or quel homme est touché de perdre ce qui n'est pas à lui ? Que si l'injure ne peut en rien préjudicier aux biens propres du sage, parce que la vertu les sauvegarde, on ne peut faire injure au sage.

Démétrius, surnommé Poliorcète, ayant pris Mégare, demandait au philosophe Stilpon s'il n'avait rien perdu : « Rien, répondit celui-ci ; car tous mes biens sont avec moi. » Et cependant son patrimoine avait fait partie du butin, ses filles étaient captives, sa ville natale au pouvoir de l'étranger, et lui-même en présence d'un roi qui, entouré d'armes et de phalanges victorieuses, l'interpellait du haut de son triomphe. Stilpon lui ravit ainsi sa victoire, et, au sein d'une patrie esclave, témoigna qu'il n'était pas vaincu, qu'il n'éprouvait même pas de dommage ; car il avait avec lui la vraie richesse, sur laquelle on ne met pas la main. Quant aux choses qu'on pillait et qu'on emportait de toutes parts, il ne les jugeait pas siennes, mais accidentelles et sujettes aux caprices de la Fortune : il n'avait pas pour elle l'affection d'un maître. Tout ce qui en effet arrive du dehors est d'une possession fragile et incertaine.

Songe maintenant si un voleur, un calomniateur, un voisin puissant, ou quelque riche exerçant cette royauté que donne une vieillesse sans enfants [343] étaient capables de faire injure à cet homme, quand la guerre et ce fier ennemi qui professait l'art sublime de forcer des remparts ne l'avaient pu dépouiller de rien. Au milieu des glaives partout étincelants et du tumulte de la soldatesque ardente au pillage, au milieu des flammes, du sang, des débris d'une cité croulante, du fracas des temples s'abîmant sur leurs dieux, il y eut paix pour un seul homme.

VI.

Ne juge donc pas téméraire l'annonce que je t'ai faite : si dans ma bouche elle a peu de créance, je t'offre un garant. Tu as peine à croire que tant de fermeté chez un homme, tant de grandeur d'âme soit possible ; mais si je le fais comparaître, si lui-même te dit : « N'en doute pas, quiconque naît homme peut s'élever au-dessus des choses humaines ; douleurs, pertes, tribulations, blessures, révolutions qui grondent autour de lui, il peut tout envisager sans pâlir, supporter avec calme les disgrâces, et le bonheur avec modération, sans ployer sous les unes, sans se fier à l'autre, rester égal et le même dans les conjonctures les plus diverses, et penser que rien n'est à lui que lui seul, c'est-à-dire encore la meilleure partie de son être. Oui, et me voici pour exemple : que sous ce renverseur de villes [344] les fortifications s'ébranlent au choc du bélier ; que les orgueilleuses tours, sapées par les mines et les voies souterraines [345] , s'affaissent tout à coup ; que ses terrasses montent au niveau des plus hautes citadelles, je le défie d'inventer des machines qui donnent à l'âme bien assise la moindre secousse. Je me suis tout à l'heure arraché des ruines de ma maison à la lueur d'un embrasement général, j'ai fui la flamme à travers le sang. A quel sort sont livrées mes filles ; est-il pire que le sort de tous ? je l'ignore. Seul et chargé d'ans, ne voyant rien que d'hostile autour de moi, je déclare néanmoins que mes biens sont saufs et intacts, je garde, j'ai encore tout ce que j'avais à moi. Tu n'as pas lieu, Démétrius, de me juger vaincu, de te croire mon vainqueur : ta fortune a vaincu ma fortune. Ces choses périssables et qui changent de maître, je ne sais où elles ont passé : quant à mon véritable avoir, il est, il sera toujours avec moi. Ces autres riches ont perdu leurs patrimoines ; les libertins leurs amours et leurs courtisanes si scandaleusement aimées ; les intrigants le sénat, le forum et les lieux consacrés à l'exercice public de tous les vices ; l'usurier a perdu ces registres où l'avarice, dans ses fausses joies, suppute d'imaginaires richesses ; moi, j'emporte la mienne entière et sans dommage. Adresse-toi donc à ceux qui pleurent, qui se lamentent, qui, pour sauver leur or, opposent leurs corps nus aux glaives menaçants, qui fuient l'ennemi la bourse pleine. »

Oui, Sérénus, reconnais que cet homme accompli, comblé des vertus humaines et divines, ne saurait rien perdre. Ses trésors sont enceints de fermes et insurmontables remparts, auxquels il ne faut comparer ni les murs de Babylone où

Alexandre a pénétré, ni ceux de Carthage ou de Numance qu'un même bras a conquises, ni le Capitole ou sa citadelle qui gardent la trace de l'ennemi. Les murailles qui défendent le sage sont à l'abri de la flamme et des incursions ; elles n'offrent point de brèche, elles sont hautes, imprenables, au niveau du séjour des dieux.

VII.

Il ne faut pas dire, selon ta coutume, que notre sage ne se trouve nulle part. Ce n'est pas un vain portrait forgé pour honorer la nature humaine, ni le gigantesque idéal d'une chose qui n'est point et que nous rêvons ; mais tel nous affirmons qu'est le sage, tel nous l'avons montré et le montrerons. Il est rare peut-être et ne se rencontre que de loin en loin dans les siècles ; car les grands phénomènes, car ce qui excède l'ordinaire et commune mesure ne se produit pas fréquemment ; toutefois, je crains bien que ce M. Caton, dont le souvenir a fait le début de cette discussion, ne soit fort au-dessus de votre modèle à vous [346] .

En résumé, il est certain que ce qui blesse est plus fort que ce qui est blessé ; or la perversité n'a pas plus d'énergie que la vertu, et partant ne peut blesser le sage. L'injure n'est essayée que par les méchants contre les bons : ceux-ci entre eux vivent en paix ; et les méchants ne sont pas moins hostiles les uns pour les autres que pour les bons. Que si l'on ne peut blesser que le faible si le méchant est moins fort que le bon, si les bons n'ont à craindre l'injure que de qui ne leur ressemble pas, elle n'a certes point prise sur le sage ; car il n'est plus besoin de t'avertir que lui seul est bon. « Si Socrate, dis-tu, a été injustement condamné, il a éprouvé une injure. » Ici nous devons distinguer : il peut arriver qu'on m'adresse une injure et que je ne la reçoive pas. Par exemple, qu'on me dérobe un objet dans ma maison des champs et qu'on le reporte à ma maison de ville, on aura commis un larcin et je n'aurai rien perdu. On peut devenir malfaiteur, sans avoir fait le mal. Celui qui sort des bras de sa femme, la croyant celle d'un autre, est adultère, bien que sa femme ne le soit pas. Quelqu'un m'a donné du poison, mais dont la force s'est perdue, mêlée à ma nourriture ; en me donnant ce poison on s'est engagé dans le crime, encore qu'on n'ait pas nui. Il n'en est pas moins assassin, l'homme dont j'ai trompé le fer en y opposant mon manteau. Tout crime, avant même d'avoir accompli son œuvre, est, pour ce qui fait le coupable, déjà consommé [347] . Certaines choses ont entre elles une condition d'existence et une connexion telles, que la première peut être sans la seconde, mais non la seconde sans la première. Essayons d'éclaircir ceci par un exemple. Je puis mouvoir mes pieds sans courir [348] , je ne courrais pas sans mouvoir mes pieds ; je puis, quoique étant dans l'eau, ne pas nager ; si je nage, je ne puis pas n'être point dans l'eau. De ce genre est aussi la question qui nous occupe. Si j'éprouve une injure, nécessairement on me l'a faite ; si on l'a faite, il ne s'ensuit pas nécessairement que je l'éprouve. Mille incidents peuvent l'écarter. Le hasard peut arrêter la main qui me menace et détourner le trait qu'on m'a lancé ; ainsi l'injure, quelle qu'elle soit, peut être repoussée par un obstacle quelconque, interceptée en son chemin, de sorte qu'on l'ait faite sans qu'elle ait été reçue.

VIII.

D'ailleurs la justice ne peut rien souffrir d'injuste, car les contraires ne s'allient point [349] . Or l'injure n'a jamais lieu sans injustice ; donc l'injure ne peut être faite au sage. Et ne t'étonne pas que nul ne puisse lui faire injure, nul, aussi ne peut lui rendre service. Rien ne lui manque qu'il lui convienne d'accepter à titre de présent, et puis le méchant ne saurait lui en faire aucun. Il faudrait avoir avant de donner ; et il n'a rien que le sage soit flatté de recevoir.

Personne ne saurait nuire au sage, ou lui être utile ; ainsi les êtres divins n'ont besoin d'aucune aide, ne sont pas vulnérables ; or le sage est voisin des dieux, il se tient presque sur leur ligne ; à la mortalité près, il est leur pareil [350] . Cependant qu'il gravit et monte vers ce séjour élevé de l'ordre, de l'immuable paix, où la vie marche d'un cours égal et harmonieux, plein de sécurité, bienveillant, né pour le bonheur de tous, pour se perfectionner lui et les autres, il ne connaîtra ni désirs ignobles, ni larmes, car appuyé sur la raison, il traversera les vicissitudes humaines avec un courage tout divin. Il ne laisse point prise à l'injure, je veux dire à celle qui viendrait non des hommes seulement, comme tu pourrais croire, mais de la Fortune même ; celle-ci entre-t-elle en lutte avec la vertu, elle n'en sort jamais son égale. Si cette heure suprême au-delà de laquelle ne peuvent plus rien les lois irritées ni les menaces des plus cruels tyrans, et où l'empire du sort se brise, est acceptée par nous d'une âme égale et résignée ; si nous savons que la mort n'est point un mal, et par conséquent et bien moins encore une injure, nous endurerons beaucoup plus aisément le reste, dommages, souffrances, ignominies, changements de lieux, pertes d'enfants, séparations de toute espèce ; que tous ces flots d'adversité enveloppent le sage, ils ne le submergent point ; ce n'est pas pour que leur choc isolé le consterne. Et s'il supporte sans faiblesse les injures de la Fortune, que lui feront celles des hommes puissants, qu'il sait n'être que les mains de la Fortune ?

IX.

Il souffrira donc tout, comme il souffre les rigueurs de l'hiver, l'intempérie du ciel, les chaleurs excessives, les maladies, mille autres accidents fortuits. Jamais il ne fait au méchant l'honneur de croire que la raison ait conseillé un seul de ses actes : la raison n'appartient qu'au sage ; chez tous les autres elle est absente : on n'y voit que fraudes, embûches, mouvements désordonnés de l'âme, mis par le sage sur la liste des accidents. Or tout ce qui est fortuit ne sévit et ne fait injure qu'en dehors de nous. Il songe encore quelle latitude offre l'injure dans ces intrigues qui nous suscitent tant de périls : tel est un accusateur suborné, ou des griefs calomnieux, ou les grands prévenus et armés contre nous, et tous ces brigandages qui s'exercent sous le costume de paix.

Autre espèce d'injure bien fréquente : on te dérobe un gain ou une récompense longtemps poursuivie ; un héritage brigué péniblement se détourne de toi ; on t'enlève la faveur lucrative d'une opulente maison. Le sage échappe à tout cela, lui qui ne sait vivre ni dans l'espoir ni dans la crainte. Ajoute aussi, que loin de recevoir de sang-froid une injure, il n'est personne qui n'en éprouve un trouble violent, et qu'un tel trouble n'atteint point l'âme forte, modératrice d'elle-même, dans son calme et sa paix profonde : car si l'injure la touche, elle perd sa paix et sa liberté. Mais le sage ignore la colère, qu'allume l'apparence de l'injure. Et serait-il étranger à la colère, s'il ne l'était à l'injure, qu'il sait ne pouvoir lui être faite ? De là cette assurance, cette satisfaction, cette éternelle joie où s'exalte son cœur ; de là ce cœur si peu froissé par les chocs qui lui viennent des choses ou des hommes, que l'injure même lui profite : c'est par elle qu'il s'éprouve, qu'il expérimente sa vertu. Faisons silence, de grâce, à cette parole, et l'oreille et l'âme recueillies assistons au mystère qui affranchit le sage de l'injure. Et l'on ne retranche rien pour cela à vos emportements, à vos cupidités si rapaces, à votre aveugle témérité, à votre arrogance. Sans toucher à vos vices, c'est l'affranchissement du sage qu'on poursuit ; on prétend, non vous empêcher de faire l'injure, mais que le sage repousse au loin toutes celles qu'on lui adressera, et que sa constance, sa grande âme suffisent à le défendre. Ainsi, dans nos jeux sacrés, beaucoup n'ont triomphé qu'en fatiguant, par une opiniâtre patience, les bras qui les frappaient. Compte le sage au nombre des athlètes qui, par un exercice long et consciencieux, ont acquis la force d'endurer les coups et de lasser tous les assauts.

X.

Maintenant qu'est achevée la première partie de notre tâche, passons à la seconde, où, par des arguments qui en partie nous sont propres, mais dont la plupart appartiennent à tous, nous ferons voir le néant de ce qu'on appelle offense. C'est moins qu'une injure ; il est plus aisé de s'en plaindre que de s'en venger ; et les lois même ne l'ont pas trouvée digne de leur animadversion. Le ressentiment de l'offense tient à un manque d'élévation dans l'âme que froisse un procédé, un mot peu honorable. Cet homme ne m'a pas reçu aujourd'hui, quoiqu'il en reçût d'autres ; quand je parlais, il tournait dédaigneusement la tête, ou il a ri tout haut ; au lieu de m'offrir la place d'honneur, c'est la dernière qu'il m'a donnée ; et autres griefs de cette sorte. Qu'en dirai-je ? Plaintes d'esprits blasés, où tombent presque toujours les raffinés, les heureux du siècle. A-t-il le loisir, de remarquer ces riens, l'homme que pressent des maux plus sérieux ? Des âmes inoccupées, naturellement faibles et efféminées, que l'absence d'injures réelles rend plus irritables, s'émeuvent de ces choses ; et la plupart du temps tout naît d'une fausse interprétation. Il témoigne donc peu de prudence et de confiance en lui-même, celui qui s'affecte à si bon marché ; évidemment il croit qu'on le méprise, et cette poignante idée ne vient point sans un certain abaissement de l'amour-propre qui se rapetisse et s'humilie. Mais le sage n'est méprisé de personne : il a conscience de sa grandeur ; il se dit dans son cœur que nul n'est en droit de le mésestimer ; et, pour tous ces tourments d'imagination, ou plutôt ces contrariétés, je ne dis point qu'il les surmonte, il ne les sent même pas.

Il est d'autres atteintes qui frappent le sage, bien qu'elles ne le terrassent point, la douleur physique, les infirmités, la perte de ses amis, de ses enfants, ou les malheurs de son pays que dévore la guerre. Je ne le nie pas, le sage est sensible à tout cela. Car nous ne lui attribuons pas un cœur de fer ou de rocher. Il n'y aurait nulle vertu à supporter ce qu'on ne sentirait point.

XI.

Que fait-il donc ? Il reçoit certains coups, mais les reçoit pour les vaincre, pour en guérir et fermer les plaies. Quant à ces piqûres dont nous parlons, il y est insensible : il ne s'arme pas contre elles de sa vertu accoutumée, de toute sa puissance de souffrir ; il n'y prend pas garde ou croit devoir en rire. Outre cela, comme la plupart des offenses partent d'hommes orgueilleux, insolents et qui supportent mal la prospérité, le sage a, pour repousser cette morgue maladive, la plus belle de toutes les vertus, la santé de l'âme et la magnanimité. Toutes ces petitesses passent devant ses yeux comme les fantômes d'un vain songe, comme des visions nocturnes sans consistance ni réalité. Il se représente aussi que tous les hommes sont trop au-dessous de lui pour avoir l'audace de dédaigner ce qui leur est si supérieur.

Le mot offense, *contumelia* , vient de *contemptus* , mépris, parce qu'on n'imprime cette sorte d'injure qu'à ceux qu'on méprise : mais jamais on ne méprise plus grand et meilleur que soi, fit-on même quelque chose de ce que dicte ordinairement le mépris. Un enfant frappe au visage ses parents, dérange ou arrache ou souille de salive les cheveux de sa mère ; il découvre aux yeux des siens ce que la pudeur veut qu'on voile ; il ne se fait pas faute de paroles obscènes ; et aucune de ces choses ne s'appelle offense : pourquoi ? Parce que l'enfant ne peut mépriser personne. Par la même raison, nous sommes charmés, tout offensantes qu'elles soient pour nous, des saillies de nos esclaves, dont la témérité assure son droit sur les convives en commençant par le chef de la maison. Plus l'individu est avili et sert de jouet, plus il est libre de tout dire. On achète même pour cela de jeunes esclaves à l'humeur espiègle, on aiguise leur impudence, on leur donne des maîtres pour apprendre à débiter des sottises réfléchies que nous qualifions, non pas d'offenses, mais de gentillesses.

XII.

Or quelle extravagance qu'une même chose tantôt nous amuse et tantôt nous fâche ; que ce qu'on appelle grossièreté dans une bouche amie, devienne, dans celle d'un misérable valet, un joyeux persiflage ! Ce que nous sommes avec les enfants, le sage l'est avec tout autre homme enfant encore après la jeunesse et sous des cheveux blancs. Ont-elles gagné quelque chose avec l'âge, ces âmes malades chez qui l'erreur seule a grandi ? Ils ne diffèrent des enfants que par la taille et l'apparence physique, d'ailleurs aussi légers, aussi inconstants, cherchant la volupté sans choix, peureux ; ce n'est jamais par caractère, mais par crainte, qu'ils sont calmes. Qu'on ne dise pas qu'ils se distinguent de l'enfance en ce que celle-ci est avide d'osselets, de noix et de jetons, et qu'eux veulent de l'or, de l'argent, des villes. Les enfants entre eux créent des magistratures, ont leurs robes prétextes, leurs faisceaux, leur petit tribunal ; les hommes au Champ de Mars, au forum, au sénat, jouent sérieusement les mêmes jeux [351] . Avec du sable amoncelé sur le rivage, les enfants élèvent des simulacres de maisons ; les hommes, pensant faire merveille, s'occupent de pierres, de murailles, d'édifices, et changent en masses périlleuses ce qui fut inventé pour abriter leurs personnes [352] . Même illusion chez l'homme fait que chez l'enfant, mais sur des objets autres, avec des conséquences plus graves. Le sage a bien raison de prendre les offenses des hommes comme des jeux d'enfants ; quelquefois il sévit contre eux et leur inflige, comme à ces derniers, des punitions qui les éclairent, non qu'il ait reçu l'injure, mais parce qu'ils l'ont faite et pour qu'ils n'y retombent plus. Ainsi l'on dompte certains animaux en les frappant ; et sans nous mettre en colère quand ils refusent le cavalier, nous les châtions pour que la douleur triomphe de leur résistance. Ainsi se trouve résolue aussi l'objection qu'on nous fait pourquoi, si le sage ne reçoit ni injure ni offense, en punit-il les auteurs ? C'est qu'en effet il ne se venge pas, il corrige.

XIII.

Et pourquoi croirais-tu le sage incapable de cette fermeté, quand tu la peux voir chez d'autres hommes dont les mobiles sont si différents ? Jamais le médecin se met-il en colère contre un frénétique ? Les imprécations du fiévreux auquel il défend l'eau froide, les prend-il en mauvaise part ? Le sage est pour tous les hommes dans la même disposition que le médecin pour les malades ; celui-ci ne dédaigne pas de toucher, si elles ont besoin de remède, les parties les plus déshonnêtes de leur corps, ni d'examiner les derniers produits de leurs aliments et de leurs boissons, ni d'essuyer leur fureur qui s'exhale en invectives. Le sage sait trop que tous ces gens qui s'avancent parés de toges à bandes de pourpre, avec le coloris de la santé, sont loin d'être sains : il voit en eux des malades hors d'état de se maîtriser : aussi ne se fâche-t-il même pas si, dans leurs accès, ils se permettent quelque violence contre qui les veut guérir ; et comme il ne fait nul cas de leurs hommages, il met sur la même ligne leurs irrévérences. Comme il ne se prévaudra pas des respects d'un mendiant, il ne se croira pas offensé si quelque homme de la lie du peuple ne lui rend point son salut ; ainsi encore, qu'une foule de riches aient de lui une haute idée, il ne l'aura pas de lui-même, certain qu'ils ne diffèrent en rien des mendiants, qu'ils sont même plus misérables, car les mendiants ont besoin de bien peu, les riches de beaucoup. D'autre part que lui importe qu'un roi des Mèdes, qu'un Attale asiatique, qu'il aura salué, passe sans lui rien dire, le visage arrogant ? Il sait que leur condition n'est pas plus désirable que celle de l'esclave auquel échoit, dans un nombreux domestique, le gouvernement des malades et des fous. Irai-je m'indigner si quelque brocanteur du temple de Castor ne me salue pas par mon nom, lui, l'un de ces hommes qui vendent et achètent de méchants esclaves, et dont les boutiques sont pleines de valets de la pire espèce ? Non, ce me semble ; car qu'y a-t-il de bon dans celui qui n'a que du mauvais sous la main ? Le sage fait aussi peu attention aux civilités ou aux impolitesses d'un tel homme qu'à celles d'un roi. Tu vois à tes pieds des Parthes, des Mèdes, des Bactriens : mais c'est la crainte qui les contient ; mais ils t'obligent à toujours avoir l'arc tendu ; mais c'est une race dégradée, vénale, qui ne soupire qu'après un nouveau maître.

Le sage ne sera touché des insultes de qui que ce soit ; car en vain les hommes diffèrent tous entre eux, il les estime tous pareils en ce que leur folie est égale. S'il s'abaissait jusqu'à prendre à cœur une injure, ou grave ou légère, jouirait-il jamais de la sécurité qui est le propre, le trésor du sage ? Il se gardera de tirer vengeance d'une insulte : ce serait en honorer l'auteur. Car s'il existe un homme dont le mépris nous pèse, nécessairement son estime nous flatte.

XIV.

IL y a des gens assez déraisonnables pour croire qu'une femme peut les offenser. Qu'importent ses richesses, le nombre de ses porteurs, les bijoux qui chargent ses oreilles, l'ampleur de sa litière ? Ce n'en est pas moins un être peu éclairé ; et si de saines doctrines, si un long enseignement n'ont retrempé cette âme, elle reste intraitable, et esclave de ses passions. Quelques-uns ne peuvent souffrir qu'un friseur [353] les coudoie, prennent pour offenses les difficultés d'un portier, la morgue d'un *nomenclateur* [354] , les hauteurs d'un valet de chambre. Oh ! que tout cela doit faire rire de pitié et doit remplir d'une douce satisfaction celui qui, du fracas des erreurs d'autrui, ramène ses regards sur sa propre tranquillité ! « Qu'est-ce à dire ? Le sage n'approchera pas d'une porte que défend un gardien brutal ? » Assurément il en tentera l'accès, si c'est chose essentielle qui l'appelle ; cet homme, quel qu'il soit, il le traitera comme un chien hargneux, qu'on apaise en lui jetant de la pâture. Il ne s'indignera pas d'une légère dépense pour franchir le seuil d'une maison, en pensant qu'il y a des ponts où le passage se paie. Il payera donc aussi cet homme, si brutal qu'il soit, qui lève un impôt sur les visites : il sait acheter ce qui se vend. Il n'y a qu'un petit esprit qui s'applaudisse d'avoir dit son fait à un portier, de lui avoir brisé sa baguette [355] , d'avoir été droit au maître et demandé satisfaction sur les épaules de l'esclave. On descend, dans la lutte, au niveau de l'adversaire ; l'eut-on vaincu, on s'est fait son égal [356] . « Mais si le sage reçoit des soufflets, comment agira-t-il ? » Comme Caton quand on le frappa au visage : il ne prit point feu, il ne vengea point son injure, il n'eut pas même besoin de pardonner ; il la nia. Il y avait plus de grandeur à nier qu'à pardonner. Nous n'insisterons pas longtemps ; qui ne sait en effet que nulle de ces choses qui passent pour des biens ou des maux n'apparaît au sage sous la même face qu'aux autres hommes ? Il ne s'inquiète pas de savoir ce qu'ils appellent honte et misère ; il ne fait point route avec la foule : mais de même que les astres, dont la marche est en sens contraire à celle des cieux, lui il avance au rebours des préjugés de tous.

XV.

Cessez donc de dire : « Le sage ne recevra-t-il pas d'injure, s'il est meurtri de coups, si on lui arrache un œil ? Ne recevra-t-il pas d'offense, s'il est poursuivi sur le forum des grossiers propos d'hommes impurs ; si au festin d'un riche on le condamne à se placer au bas bout de la table et à manger avec les valets chargés des plus vils emplois ; s'il est contraint d'essuyer ce qu'on peut imaginer de plus révoltant pour une âme bien née ? » Quelque répétés, quelque graves que deviennent de tels procédés, ils ne changeront pas de nature. Si de minces offenses ne le touchent pas, de plus grandes échoueront de même ; s'il n'est pas ému pour peu, il ne le sera pas pour beaucoup. Mais, la mesurant sur votre faiblesse, vous jugez au hasard une grande âme, et calculant jusqu'où vous pensez qu'irait votre patience, vous placez quelque peu plus loin le terme de celle du sage [357] ; or lui, sa vertu l'a établi sur les confins d'un autre monde : il n'a rien de commun avec vous. Aussi quelque durs, quelque lourds à endurer, quelque repoussants que soient de nom ou d'aspect tous vos fléaux, leur masse ne saurait l'accabler : tel il résisterait à chacun, tel il résiste à tous. Dire que le sage supportera ceci et qu'il ne supporterait pas cela, emprisonner une telle grandeur dans vos arbitraires limites, mauvaise logique : la Fortune triomphe de nous, si nous ne triomphons complètement d'elle. Et ne crois pas que ce soit ici de l'insensibilité stoïque. Épicure, que vous adoptez comme patron de votre lâcheté, qui ne prêche, selon vous, que mollesse, indolence et tout ce qui mène aux voluptés, Épicure a dit : « Rarement la fortune trouve le sage en défaut. » Que voilà presque parler en homme ! Ah ! dis d'un ton plus ferme encore, qu'elle n'a nul accès près de lui ! Voici la maison du sage, petite, sans ornements, sans fracas, sans appareil, sans portiers qui en surveillent l'entrée, qui vont classant la foule avec un dédain de mercenaires ; mais ce seuil vide de sentinelles, libre de concierges, la Fortune ne le franchit point ; elle sait que pour elle il n'y a point place où rien ne vient d'elle. Que si Épicure même, qui a tant accordé aux sens, porte à l'injure ce fier défi, quel effort chez nous peut sembler incroyable ou au-dessus de la nature humaine ? Il prétend que l'injure est supportable pour le sage, nous que pour le sage elle n'existe pas.

XVI.

Ne dis point que cela répugne à la nature. Nous ne nions pas qu'il ne soit pénible d'être frappé, maltraité, de perdre quelque membre ; mais nous nions que dans toutes ces choses il y ait injure ; nous leur ôtons, non pas leur aiguillon douloureux, mais le nom d'injures, qui ne peut être admis, sans que la vertu s'amoindrisse. Laquelle des deux sectes dit le plus vrai, nous le verrons ailleurs ; quant au mépris de l'injure toutes deux s'accordent. Quelle est donc entre elles la différence ? La même qu'entre deux gladiateurs intrépides, dont l'un presse de la main sa blessure et se tient ferme, et dont l'autre, se tournant vers le peuple qui s'écrie, fait signe que la sienne n'est rien et ne souffre pas qu'on intervienne pour lui. Il ne faut pas croire qu'entre les deux écoles le dissentiment soit grave. Ce dont il s'agit, l'unique chose qui nous intéresse, deux autorités t'y convient : méprise les injures et ce que j'appellerais des ombres, des soupçons d'injures, les offenses. Pour dédaigner l'offense, il n'est pas besoin de toute la fermeté d'un sage ; il ne faut que voir juste et pouvoir se dire : « Ai-je mérité ou non ce qui m'arrive ? Si je l'ai mérité, ce n'est pas offense, c'est justice ; dans le cas contraire, c'est à l'auteur de l'injustice à rougir. Et qu'est-ce enfin que l'on nomme offense ? On a plaisanté sur ce que j'ai la tête chauve, ou les yeux malades, ou les jambes grêles, ou la taille défectueuse : quelle offense y a-t-il à s'entendre dire ce qui frappe tous les yeux ? Devant un seul témoin tel mot nous fait rire, qui devant plusieurs nous indigne ; et nous ne laissons point aux autres le droit de répéter ce que nous-mêmes disons journellement de nous. Modérée, la raillerie amuse, à dose plus forte elle irrite. »

XVII.

Chrysippe rapporte qu'un homme entra en fureur pour avoir été appelé *brebis de mer*. Au sénat, nous avons vu pleurer Fidus Cornélius, gendre d'Ovide, parce que Corbulon l'avait qualifié d' *autruche plumée* . Il venait d'essuyer d'autres invectives qui déchiraient ses mœurs et sa vie, et son front était demeuré impassible : une sottise absurde lui arracha des larmes. Tant la raison laisse de faiblesse dans les âmes qu'elle abandonne ! Que penser de ceux qui se formalisent si l'on contrefait leur langage, leur démarche, un défaut corporel, un vice de prononciation ? Comme si ces traits devenaient plus frappants dans la copie faite par les autres que dans l'original, qui est nous-même. Quelques-uns n'aiment pas qu'on parle de leur vieillesse, de leurs cheveux blancs, de cet âge enfin où tous ambitionnent d'arriver. Rappeler à d'autres leur pauvreté, c'est un cuisant reproche : or ils se le font eux-mêmes, dès qu'ils la cachent. Aussi, pour ôter toute ressource aux impertinents et à ceux qui exercent leur gaieté aux dépens des autres, il n'y a qu'à s'exécuter d'avance : on ne prête plus à rire, quand on a ri de soi tout le premier. Vatinius, victime-née du ridicule et de la haine [358] , était un railleur agréable et facétieux, si l'on en croit la tradition. Il disait lui-même force bons mots sur ses pieds goutteux et sur sa gorge toute tailladée : ainsi échappait-il aux brocards de ses ennemis, plus nombreux encore que ses infirmités, et surtout à Cicéron. Ce qu'a pu faire, avec son front d'airain, un homme qui à force d'opprobres avait désappris à rougir, pourquoi ne le ferait pas celui en qui les études libérales et le culte de la sagesse auront porté quelque fruit ? Ajoute que c'est une sorte de vengeance d'enlever à l'ennemi le plaisir de l'offense. On l'entend dire : « Malheureux que je suis ! je crois qu'il n'a pas compris. » Tant il est vrai que tout le succès de l'offense est d'être sentie, d'indigner celui qui l'éprouve. Enfin l'insolent ne manquera pas de trouver plus tard son pareil, qui du même coup te vengera.

XVIII.

Caligula, parmi tous les vices qui abondaient en lui, avait une merveilleuse aptitude aux sarcasmes, comme l'éprouvaient tous ceux qui donnaient prise à quelque stigmate [359] , bien qu'il fût lui-même un ample sujet de moquerie. C'était cette pâleur caractéristique de sa folie, et si repoussante ; c'étaient ces yeux disparaissant presque sous un front de vieille, et si affreusement louches ; c'était cette tête chauve, que des cheveux d'emprunt semés par places rendaient si difforme, et puis cette nuque hérissée d'une soie rude, ces jambes grêles, ces pieds énormes. Je ne finirais pas si je voulais citer tous les mots méprisants qui lui échappèrent contre les auteurs [360] de ses jours, contre ses aïeux, contre tous les ordres de l'État : rapportons seulement ceux qui lui furent mortels. Asiaticus Valérius, son ami, honoré *des premières entrées* , était un homme peu traitable, à peine capable de souffrir une offense même faite à autrui. C'est à ce Valérius qu'en plein banquet, autant dire en assemblée publique, Caligula, d'une voix haute et claire, osa dépeindre comment se comportait sa femme dans les bras d'un homme. Justes dieux ! un mari entendre ces choses, le prince les savoir, et pousser l'impudeur jusqu'à raconter je ne dis pas au consulaire, à l'ami, mais, lui empereur, à l'époux la honte de l'épouse et les dégoûts de son corrupteur ! Chéréa, tribun militaire, avait une voix qui ne répondait pas à son courage et dont les sons peu mâles et cassés pouvaient faire suspecter ses mœurs. Lorsqu'il demandait le mot d'ordre, le prince lui donnait tantôt Vénus, tantôt Priape, accusant ce guerrier d'infâmes complaisances dans des termes toujours nouveaux ; quand lui était en robe transparente, en sandales [361], chamarré d'or ! Chéréa fut contraint de recourir au glaive pour se soustraire à de pareils mots d'ordre. Le premier d'entre les conjurés il leva le bras sur l'empereur ; il lui fendit d'un seul coup la tête ; puis mille autres épées vinrent de toutes parts achever de venger les injures des citoyens et de la patrie. Mais le premier qui fut homme alors, c'est celui qui l'avait paru le moins.

Ce Caligula ne voyait en tout que des offenses, aussi incapable de les souffrir qu'avide de les faire. Il s'emporta contre Hérennius Macer, qui l'avait salué du nom de *Caïus* [362] ; et un centurion primipilaire eut à se repentir de l'avoir appelé *Caligula* [363]. On sait que, né dans les camps, il n'était familièrement désigné par le soldat que sous ce nom-là et sous celui d'enfant des légions ; mais *Caligula* lui parut une satire et un outrage dès qu'il eut chaussé le cothurne impérial [364].

Ce sera donc déjà une consolation de savoir que, notre indulgence oubliât-elle de se venger, il se trouvera quelqu'un qui châtie le provocateur, le superbe, d'où nous est venue l'injure : car de tels êtres n'épuisent pas leur fiel sur une seule personne et dans une seule attaque. 6. Jetons les yeux sur les exemples d'hommes dont nous louons la patience ; sur un Socrate, qui, assistant aux comédies où il était publiquement bafoué, prit la chose de bonne grâce et ne rit pas moins que le jour où sa femme Xantippe l'arrosa tout entier d'une eau immonde. On reprochait à Antisthène d'être né d'une mère barbare, d'une Thrace ; il répondit que la mère des dieux était aussi du mont Ida [365] .

XIX.

Ne descendons point dans le champ des rixes et des luttes ; retirons-nous loin en arrière, et, quelques provocations que des insensés nous adressent, car l'insensé peut seul se les permettre, n'en tenons point compte. Et les hommages et les injures du vulgaire doivent être confondus dans le même mépris : ne nous affligeons pas de celles-ci, ne nous félicitons pas de ceux-là. Autrement la crainte ou le dégoût des mortifications nous feront omettre des devoirs essentiels ; et nous manquerons à ceux d'hommes publics et privés, souvent même à ce qui nous sauverait, si nous tremblons, dans nos anxiétés de femmes, de rien ouïr qui nous désoblige ; parfois aussi nos rancunes contre des hommes puissants se dévoileront avec une indiscrète liberté. Or la liberté ne consiste pas à ne rien tolérer ; détrompons-nous : être libre, c'est mettre [366] son âme au-dessus de l'injure ; c'est se rendre tel, qu'on trouve en soi seul la source de ses plaisirs ; c'est se détacher de l'extérieur, pour ne point passer sa vie dans l'inquiète appréhension des rires ou des propos de tout venant. Car qui ne pourra nous offenser, si un seul le peut ? Mais le sage et l'aspirant à la sagesse useront chacun d'un remède différent. A l'homme imparfait encore, et qui n'a pas cessé de se diriger sur le jugement du grand nombre, nous représenterons qu'à chaque pas l'injure et l'insulte l'attendent. Les accidents prévus sont toujours moindres. Plus sa naissance, sa renommée, son patrimoine le distinguent, plus il doit montrer de courage ; qu'il se souvienne qu'en première ligne se tiennent les soldats de haute taille. Les offenses, les paroles outrageantes, les diffamations, toutes les avanies de ce genre, qu'il les supporte comme les clameurs de l'ennemi, les dards lancés de trop loin, les pierres qui, sans blesser, frappent le casque et ne font que du bruit. Que les injures graves, comme ces traits qui percent ou les armes ou la poitrine, ne l'abattent ni ne le fassent broncher. Quelque force qui vous menace, vous presse, vous assiège, céder est toujours une honte ; défendez le poste que vous assigna la nature. Et quel est-il ? celui d'homme de cœur. Le sage a un tout autre auxiliaire qui vous manque, car vous luttez encore : il a la victoire gagnée. Ne soyez point rebelle à vos intérêts : sur la route de la vérité, nourrissez l'espoir d'y atteindre ; accueillez avec amour des doctrines meilleures, et appuyez-les de vos convictions comme de vos suffrages. Qu'il existe une âme invincible, une âme contre laquelle la Fortune ne puisse rien, voilà qui importe à la république du genre humain.

FIN
DE LA CONSTANCE DU SAGE

* 9 7 9 8 6 7 6 4 5 6 8 0 1 *